SYLLABAIRE MÉTHODIQUE

PREMIÈRE DIVISION

ÉCRITURE ÉLABORÉE

POUR LES SALLES D'ASILE

1847

AU MANS

Chez MM.
{
MONNOYER, imprimeur-libraire, place des Jacobins, 12;
PESCHE, libraire, éditeur de la carte du diocèse, rue Marchande, 19;
DENEAU-LAGROIE, libraire des écoles, rue St-Jacques, 9;
Et ALPHONSE TOUCHARD, libraire, grand hôtel du Commerce, rue Royale, 4.

LE MANS. — IMPRIMERIE MONNOYER. — 1847.

DÉPOSÉ AU MANS PAR M. MENARD-BOURNICHON.

TABLEAUX

1. Voyelles et Consonnes, ou Ecriture des sons et des articulations.
2. Nomination des sons et articulations.
3, 4, 5. Syllabes directes avec lettres simples.
6, 7. Mots pour exemples des Syllabes directes avec lettres simples.
8. Syllabes inverses avec lettres simples.
9. Mots pour exemples des Syllabes inverses avec lettres simples.
10, 11, 12. Syllabes complexes avec lettres simples.
13, 14. Mots pour exemples des Syllabes complexes avec lettres simples.
15. Voyelles et Consonnes polygrammes.
16. Syllabes directes avec Consonnes polygrammes.
17. Mots pour exemples des Syllabes avec Voyelles et Consonnes polygrammes.
18. Petites phrases élaborées.

La disposition graduelle des Tableaux ci-dessus est telle, que les élèves qui auront appris à lire l'écriture des sons et des articulations des 1er et 2e tableaux, n'auront plus qu'à mettre en pratique ces éléments pour parvenir à lire couramment l'écriture élaborée du dernier tableau. Dès ce moment, les fonctions des instituteurs se réduisent à celles de répétiteurs. On conçoit alors que les élèves, quoique jeunes, peuvent en bien peu de temps parvenir à lire ce dernier tableau.

L'écriture usuelle ne diffère de l'écriture élaborée, 1° que parce que la valeur primitive de la voyelle *e* est modifiée par des accents ; 2° qu'alors elles forment deux nouvelles voix ; 3° qu'il en est de même des consonnes *l, m* qui, étant mouillées, présentent réellement deux nouvelles articulations ; 4° qu'au surplus, les autres différences consistent en ce que les voyelles, ainsi que les consonnes, s'attribuent momentanément les valeurs de quelques-unes des autres lettres, telle que la voyelle *e* qui fonctionne comme *e* dans *encens*, *femme*...., l'*u* comme *o* dans *album*, *sund*...., le *c* comme *s* ou comme *g*, *ceci*, *second*, etc... Les élèves surmonteront ces difficultés à l'aide de quelques signes dont on leur donnera ultérieurement connaissance.

Dans cette première division, toutes les lettres conservent leurs attributions primitives.

SYLLABAIRE  MÉTHODIQUE.

PREMIÈRE DIVISION.　　　PREMIÈRE CLASSE.

Voyelles et consonnes, ou caractères représentant les sons et les articulations.

Voyelles.

a　e　i　o　u　y

Consonnes.

b　c　d　f　g

h　j　k　l　m

n　p　q　r　s

t　v　x　z

Chiffres.

0　1　2　3　4　5　6　7　8　9

N. B. Le syllabaire méthodique préfère la nouvelle nomination des lettres, mais il n'exige aucune méthode spéciale d'enseignement; tout son mérite est dans la succession graduelle de ses tableaux; il se conforme à tout ce qui a été adopté par l'académie; il peut constater l'état actuel de la prononciation, qu'il ne faut pas confondre avec la déclamation; il peut indiquer les rectifications à faire et les améliorations effectuées; aujourd'hui il fait remarquer que l'ancienne nomination, dont quelques instituteurs se servent encore, est un double emploi qui force les élèves à donner deux noms à une même lettre et par conséquent à apprendre une vieille nomenclature des lettres, totalement inutile à l'épellation, tandis que la nouvelle nomination, non-seulement se trouve dans le *ba be bi bo bu*, comme faisant partie des syllabes primitives, mais encore, théoriquement parlant, comme étant une élision du nom de la consonne avec celui de la voyelle : en effet, *ba* n'est-il pas la même chose que *be a*, de même que les mots *c'est, m'aime, s'il*, ne sont autre chose que *ce est, me aime, se il ?*

LE MANS. — IMPRIMERIE MONNOYER. — 1847.　　　DÉPOSÉ AU MANS PAR M. MENARD-BOURNICHON.

SYLLABAIRE  MÉTHODIQUE.

PREMIÈRE DIVISION. PREMIÈRE CLASSE.

Appellation des sons et des articulations.

Sons.

ha   he   hi   ho   hu

Articulations.

be   de   fe   he   je

ke   le   me   ne   pe

qe   re   se   te   ve

ze

Observations.

On remarquera que, dans les sons représentés par les voyelles *a, e, i, o, u, y*, la dernière voyelle nommée *hi-grec*, a le même son que *l'hi* simple ; et que dans les dix-neuf articulations *b, c, d, f, g, j, k, l, m, n, p, q, r, s, t, v, x, z* : 1° la consonne *h* et la voyelle *e* ont la même nomination *(he)* ; que pour les différencier, il est naturel de désigner la voyelle *e* par l'expression *he voyelle*, et la consonne *h* par celle de *he consonne*, comme jadis cela se pratiquait à l'égard des voyelles *i, u* qui s'employaient fréquemment pour les consonnes *j* et *v* ; 2° les trois consonnes *c, g, x* n'ont pas été indiquées ci-dessus, parce que le *x* a l'articulation des deux consonnes *k, s*, comme dans le mot *axe* ; et que les consonnes *c, g* prendraient les attributions des consonnes *s* et *j*, en s'articulant avec la voyelle *e* (*voir la 2e division du syllabaire*) ; 3° les trois consonnes *c, k, q* ont chacune la nomination *ke* ; qu'il pourrait en résulter quelque confusion si on ne leur assignait pas, comme aux voyelles *i* et *y*, une qualification qui pût les faire distinguer les unes des autres ; ainsi la première *(c)* pourrait être qualifiée de *ke français* ; la seconde *(k)* pourrait prendre le nom de *ke grec* ; enfin la troi-sième *(q)* pourrait s'appeler *ke latin*.

LE MANS. — IMPRIMERIE MONNOYER. — 1847.   DÉPOSÉ AU MANS PAR M. MENARD-BOURNICHON.

SYLLABAIRE  MÉTHODIQUE.

PREMIÈRE DIVISION.   PREMIÈRE CLASSE.

Syllabes directes avec lettres simples.

ba	be	bi	bo	bu	by
	ca		co	cu	
da	de	di	do	du	dy
fa	fe	fi	fo	fu	fy
	ga		go	gu	
ha	he	hi	ho	hu	hy
ja	je	ji	jo	ju	
ka	ke	ki	ko	ku	ky
la	le	li	lo	lu	ly

N. B. Les syllabes *ce ci cy ge gi gy* dont il n'est pas mention ci-dessus, sont classées dans la seconde division du syllabaire parce qu'elles ne conservent pas leurs attributions alphabétiques. La voyelle *jy*, sans apostrophe, a été négligée parce qu'elle est inusitée.

LE MANS. — IMPRIMERIE MONNOYER. — 1847.   DÉPOSÉ AU MANS PAR M. MENARD-BOURNICHON.

SYLLABAIRE  MÉTHODIQUE.

PREMIÈRE DIVISION.   PREMIÈRE CLASSE.

Syllabes directes avec lettres simples.

ma	me	mi	mo	mu	my
na	ne	ni	no	nu	ny
pa	pe	pi	po	pu	py
qu	ra	re	ri	ro	ru
ry	sa	se	si	so	su
sy	ta	te	ti	to	tu
ty	va	ve	vi	vo	vu
xa	xe	xi	xo	xu	xy
za	ze	zi	zo	zu	zy

Observations.

N. B. Les syllabes *qa*, *qe*, *qi*, *qo*, *qy* et *vy* étant inusitées, ne figurent pas dans ce tableau. La syllabe *qu* n'est employée que dans le mot *piqûre*. Les diphtongues *qua*, *qué*, *qui* des mots *équateur*, *questure*, *équitation*, etc., font partie de la 2ᵉ division du syllabaire.

LE MANS. — IMPRIMERIE MONNOYER. — 1847.   DÉPOSÉ AU MANS PAR M. MENARD-BOURNICHON.

SYLLABAIRE  MÉTHODIQUE.

PREMIÈRE DIVISION.   PREMIÈRE CLASSE.

Alphabet écrit avec trois différentes formes de lettres.

Majuscules ou Capitales.

A B C D E F G H I J

K L M N O P Q R S T

U V X Y Z

Minuscules ou Romaines.

a b c d e f g h i j

k l m n o p q r s t

u v x y z

Italiques ou Cursives.

a b c d e f g h i j

k l m n o p q r s t

u v x y z

N. B. Les lettres majuscules s'emploient pour initiales des mots remarquables, des noms propres et des mots qui commencent une phrase ou un vers. Les lettres italiques servent à faire distinguer, du reste du discours, un mot, une phrase, une citation.

LE MANS. — IMPRIMERIE MONNOYER. — 1847.   DÉPOSÉ AU MANS PAR M. MENARD-BOURNICHON.

SYLLABAIRE

MÉTHODIQUE.

PREMIÈRE DIVISION.

PREMIÈRE CLASSE.

Mots pour exemples des syllabes directes avec lettres simples.

a-by-me   a-che   a-ra-be

a-vi-li   a-xe   a-zo-te

ba-na-le   ba-di-ne   bi-go-te

ca-ba-le   ca-ra-fe   cu-pi-de

de-mi   di-vi-ne   do-du

fa-mi-ne   fi-gu-re   fu-tu-re

ga-ba-re   ga-ze   go-mu-to

ku-ri-te   la-gu-ne   li-mi-te

li-re   lu-nu-le   ly-re

ja-co-bi-ne   jo-li   ju-pe

ha-che   ho-mo-ny-me   ko-lo

LE MANS. — IMPRIMERIE MONNOYER. — 1847.

DÉPOSÉ AU MANS PAR M. MÉNARD-BOURNICHON.

SYLLABAIRE  MÉTHODIQUE.

PREMIÈRE DIVISION. **PREMIÈRE CLASSE.**

Mots pour exemples des syllabes directes avec lettres simples.

ma-da-me	mi-nu-te	mo-ra-le
na-ri-ne	no-ma-de	nu-bi-le
o-bo-le	o-li-ve	o-xy-de
pa-go-de	pi-ra-te	po-ly-pe
ra-tu-re	re-te-nu	ri-go-le
Ro-me	ru-mi-ne	ru-ra-le
sa-va-ne	sa-me-di	so-li-de
Ta-ra-re	Ti-vo-li	tu-li-pe
va-li-de	ve-lu	vo-lu-me
za-ni	zi-be-li-ne	zo-ne

LE MANS. — IMPRIMERIE MONNOYER. — 1847.   DÉPOSÉ AU MANS PAR M. MENARD-BOURNICHON.

SYLLABAIRE  MÉTHODIQUE.

PREMIÈRE DIVISION.

DEUXIÈME CLASSE.

Syllabes inverses avec lettres simples.

ab	ac	ad	af
ag	al	ap	ar
as	at	ax	ib
ic	id	if	ig
il	ip	ir	is
ob	oc	of	ol
op	or	os	ot
ox	ul	up	ur
us	ut	yp	yt

N. B. Les syllabes inverses usitées sont peu nombreuses, parce qu'elles ne se rencontrent qu'au commencement des mots, excepté dans ceux qui comportent deux voyelles médiales suivies d'une consonne sonore comme dans les mots *Isaac, naïf, réactif,* etc. Ces mots appartiennent à la seconde division.

LE MANS. — IMPRIMERIE MONNOYER. — 1847.   DÉPOSÉ AU MANS PAR M. MENARD-BOURNICHON.

SYLLABAIRE  MÉTHODIQUE.

PREMIÈRE DIVISION. **DEUXIÈME CLASSE.**

Mots pour exemples des syllabes inverses avec lettres simples.

ab-si-de   ac-ti-ve   ad-ju-re

Ag-de   ap-ti-tu-de   al-ca-li

ar-ca-de   as-sa-ki   ib-da-re

id-su-mo   ig-ni-co-le   il-li-co

ip-so-la   is-la-mi   ob-te-nu

og-co-de   of-fa   oc-ta-ve

op-ta-ti-ve   ol-lure   or-ga-ne

ul-ti-me   ur-ne   us-ti-la-go

os-si-vo-re   ot-to-ma-ne

LE MANS. — IMPRIMERIE MONNOYER. — 1847.   DÉPOSÉ AU MANS PAR M. MENARD-BOURNICHON.

SYLLABAIRE  MÉTHODIQUE.

PREMIÈRE DIVISION.

TROISIÈME CLASSE.

Syllabes complexes avec lettres simples.

bab	bac	bag	bak	bal	bap	bar	bas
bat	bib	bic	bid	bif	bil	bir	bis
bit	boc	bok	bol	bor	bos	bot	buc
bud	bul	bur	bus	byr	bys	cac	cad
caf	cal	cap	car	cas	cat	cob	coc
cod	cof	cog	col	cop	coq	cor	cos
cul	cur	cus	dab	dac	dad	dag	dak
dal	dar	das	dax	dic	dif	dig	dil
dip	dir	dis	doc	dog	dop	dor	dos
dot	dub	duc	dul	dur	dus	dys	fac
fal	far	fas	fat	fic	fil	fir	fis
foc	fol	for	fox	ful	fur	fus	gad
gal	gap	gar	gas	gat	gaz	gol	gor
gos	gul	gus	hac	haf	hal	har	has
hic	hil	hip	hir	his	hoc	hof	hol
hor	hos	hot	huc	hud	hur	hus	hut
hyd	hik	hyl	hyp	hyr	hys		

SYLLABAIRE  MÉTHODIQUE.

PREMIÈRE DIVISION. **TROISIÈME CLASSE.**

Syllabes complexes avec lettres simples.

jac	jaf	jal	jar	jas	jax	jil	job
jor	jos	juc	jur	jus	kac	kad	kag
kal	kar	kas	kol	kor	lac	laf	lag
lak	lal	lap	lar	las	lax	laz	lic
	lid	lif	lig	lil	lip	lir	
lis	lit	lix	loc	lof	lok	lor	los
lot	lub	luc	lud	lus	lut	lux	lyc
lys	mac	mag	mal	map	mar	mas	mat
max	mic	mil	mir	mis	mix	moc	mol
mor	mos	mud	muf	mul	mur	mus	mut
myr	mys	nab	nac	nal	nap	nar	nas
nat	nax	nib	nic	nif	nig	nil	nir
nis	nit	nix	noc	nod	nor	nos	not
nuc	nud	nul	nup	nur	nus	nyc	nys
nyx	pac	pal	par	pas	pat	pic	pig
pip	pir	pis	pit	piz	pol	pop	por
pos	pot	pox	pug	pul	pur	pus	put
pyc	pyg	pyr	pyt				

LE MANS. — IMPRIMERIE MONNOYER. — 1847.

SYLLABAIRE  MÉTHODIQUE.

PREMIÈRE DIVISION. **TROISIÈME CLASSE.**

Syllabes complexes avec lettres simples.

rab	rac	rad	raf	rag	ral	rap	rar
ras	rax	rib	ric	rid	rif	rig	rik
ril	rir	ris	rit	rix	rob	roc	rod
rol	ros	ruc	rup	rus	rut	ryg	ryk
ryl	ryt	ryx	sab	sac	sak	sal	sar
sas	sic	sif	sig	sil	sir	sis	sit
six	soc	sof	sog	sol	sor	sos	sot
sub	suc	sud	sug	sul	sup	sur	sus
sut	syl	syr	sys	tac	taf	tak	tal
tap	tar	tas	tic	tif	tig	til	tir
tis	toc	tof	tol	top	tor	tos	tuc
tuf	tug	tul	tur	tus	tut	tyr	tys
vac	val	var	vas	vat	vic	vid	vif
vil	vir	vis	vit	vol	vor	vul	xal
xas	xir	xis	xos	xys	zac	zag	zal
zar	zas	zic	zig	zil	zis	zit	zof
zol	zor	zos	zug	zur			

LE MANS. — IMPRIMERIE MONNOYER. — 1847.

SYLLABAIRE  MÉTHODIQUE.

PREMIÈRE DIVISION. **TROISIÈME CLASSE.**

Mots pour exemples des syllabes complexes avec lettres simples.

a bid   a co nit   a dop te   a ga ric   A jax
A mi na dab   a mor tir   a na lys te   a nax
Ar gos   as pic   A tys   a ve nir   A zof
a zur   Bag dad   bak ka   Ba la ruc   bar bu
Bal tha zar   bap tis mal   Bil ba o   bi vac
boc ca le   bo rax   bor bo ryg me   bul be
bos bok   bur sal   bus te   bu tor   byr rus
bys sus   cac tus   Cad mus   Ca laf   ca nap
ca nif   cap tif   coc ta ne   cog ni tif
co los sal   cop te   cor nud   cos tu me
cul bu te   cur sif   cus to de   dac ty le
Dal ma te   Da vid   dic tys   dip sas
doc to ral   dog me   dor mir   duc ti le
Dur tal   dys co le   fac tu re   fal ba la
far fa ra   fas te   fi gu ris te   fis cal   ful gor
for mu le   fur tif   gal va nis me   gar de
Gus ta ve   Ha ba cuc   hag ni tas   hal te
har pis te   Hil de   hor de   hos po dar
hur le   Hus ta le   hyk sos   hyp nal

LE MANS. — IMPRIMERIE MONNOYER. — 1847. DÉPOSÉ AU MANS PAR M. RENARD-BOURNICHON.

SYLLABAIRE  MÉTHODIQUE.

PREMIÈRE DIVISION. **TROISIÈME CLASSE.**

Mots pour exemples des syllabes complexes avec lettres simples.

i bis   I da lus   ig dis   i ris   is la mis me
i xos   i xys   Ja cob   Jaf fa   ja lap   Ja nus
Ja pix   Jar nac   jas pe   jur te   ka bak
kac pi re   kad na   kil dir   kor sac   kus sir
kys te   lak tak   la cry mal   lac cos   Lal lus
lap to   lar me   La val   laz zi   lig ni vo re
li col   lis te   lor do ze   ma jor   ma la dif
ma lag me   ma ras me   mar tyr   mas tic
mix te   Mo gol   mor fil   muf ti   My das
myr te   nar val   Na xos   noc tur ne
no mi nal   nor mal   nos toc   nyc ta lo pe
o bit   O gul   o nyx   Pac to le   pa li nod
Pal las   pa ra dig me   pa ra do xal   pas cal
pa ro xys me   Pol lux   pop pys me   Por nic
pul pe   pus tu le   pyc ni te   pyt to
rac tas   rap so dis te   ra vir   ros bif
rup tu re   sar cas me   sic ca tif   syl la be
Taf na   Til sit   Turc   vas te   vi vat
vul ga te   xys te   zig zag

LE MANS. — IMPRIMERIE MONNOYER. — 1847.   DÉPOSÉ AU MANS PAR M. MÉNARD-BOURNICHON.

SYLLABAIRE  MÉTHODIQUE.

PREMIÈRE DIVISION.   QUATRIÈME CLASSE.

Voyelles et Consonnes polygrammes.

Voyelles simples.

A E I O U

y

Voyelles combinées.

eu   au

OU

w

Voyelles nasales.

AN ON UN

am   om   um

IN

em   en   im   ym   yn

Consonnes combinées.

CH   PH

f

Consonnes inséparables.

bl br cl cr dr fl fr gl gr
kl kr phl phr pl pr tl tr vr

Le présent tableau réunit les voyelles et les consonnes polygrammes ainsi que leurs équivalentes : il faut remarquer 1° que dans les voyelles nasales les consonnes *m* et *n* ne sont que des signes muets de la nasalité; 2° que les trois voyelles nasales *i, i, y*, représentent le même son (on verra plus tard que l'*e* représente souvent l'*a* nasal); 3° que la double lettre *w* est primitivement l'équivalente de la voyelle combinée *ou* comme dans *whig, wiski*; 4° que le *ch* est une articulation primitive qui a lieu dans les mots *chat, cheval chute*; 5° enfin que les consonnes inséparables s'articulent comme le *x* alphabétique, ce qui se reconnaît dans les mots *oxyde, blâme, bride* qui se prononcent *hokeside, belame, beride*.

LE MANS. — IMPRIMERIE MONNOYER. — 1847.   DÉPOSÉ AU MANS PAR M. MENARD-BOURNICHON.

SYLLABAIRE  MÉTHODIQUE.

PREMIÈRE DIVISION. QUATRIÈME CLASSE.

Syllabes directes avec consonnes polygrammes.

Consonnes combinées.

cha	che	chi	cho	chu	chy
pha	phe	phi	pho	phu	phy

Consonnes inséparables.

bla	ble	bli	blo	blu	bly	bra	bre
bri	bro	bru	bry	cla	cle	cli	clo
clu	cly	cra	cre	cri	cro	cru	cry
dra	dre	dri	dro	dru	dry	fla	fle
fli	flo	flu	fra	fre	fri	fro	fru
gla	gle	gli	glo	glu	gly	gra	gre
gri	gro	gru	gry	kla	kli	klo	kra
kri	kro	kru	phla	phlo	phly	phra	phre
phri	phro	phry	pla	ple	pli	plo	plu
ply	pra	pre	pri	pro	pru	pry	tla
tra	tre	tri	tro	tru	try	vra	vre
vri	vro						

N. B. Les syllabes dla dle dli dlo dlu dly fly fry kle klu kly kre kry phle phli phlu phru tle tli tlo tlu tly vla vle vli vlo vlu vly vru vry ne sont point usitées ; celles klé kré, phlé, tlé se rencontrent dans la 2ᵉ division du syllaba re.

LE MANS. — IMPRIMERIE MONNOYER. — 1847.   DÉPOSÉ AU MANS PAR M. MENARD-BOURNICHON.

SYLLABAIRE  MÉTHODIQUE.

PREMIÈRE DIVISION.

QUATRIÈME CLASSE.

Mots pour exemples des Syllabes avec voyelles, et consonnes polygrammes.

a bla tif af ghan a lam bic a lum an gli can an tre a po cry phe a pos tro phe
ar bre ar chi tra ve ar mon Ar pa jon ar ti mon as pi ran te A tlan ti de a tlas
au cun au ro re aus tra le au tan au tour a veu gle a vi ron a vor ton bam bin
ban de ro le ben ja min bi jou blan che bleu blon din bom bar de bon don
bou can bou che bou deur bou gran bou ra can bour se bra ve bri co le
bri gan tin brim ba le brin de bro can teur bro che ton bron ze ca che mi re
ca co chy me ca dran caf tan ca hin-ca ha ca lan dre Ca i phe cam pa ni le
cam phre cham pin chan vre char bon chau dron che min che veu che vron
chi co tin chi rur gi cal choc chou crou te cla vi cu le chut clin che Cly tus
com ble com pa ti ble com put con cou rir con jonc tif con tras te cou leu vre
cou pa ble cour tau de cou vrir crac cram pe cra pau di ne cra va che cri ble
crin crou pe cru chon cu min dan din Dant zic dau phin doc tri nal dol man
drog man dro me dru i de Eu re fau te feu tre fi fre fil tran te fir man fleur
fon du Fran klin fru gal gal li can gas tri te gau le glan de glau co me glu gra nit
gru me gry phon Id mon im pur ins tar In dus jam be jar din je ton jeu di
jon gleur jour nal kas tan klip das Knat bul kra ke ky no don lan de lom bric
Lou dun lun di Ma bly mau ve Me lun Mem phis men tor Mon gat mons tre
mou lin mou lu re nan kin neu ve neu tre nim be nom bre non nuc to gra phe
om bi lic ou tar de pam bou pan tin Pa phos par fum pen ta go ne peu ple
phlas me Phi lis tin phos pho re phy to li the plas tron Ply mouth pon dag
Pouz zol por te pry li de ra che ta ble ra ma zan ram bour ran cu ne ranz
re bon dir re cru teur re din go te re dou te re fleu rir rhin gra ve ri chis si me
ro ga ton Ru bi con sa blon sa cris ti ne sans cri te Sim plon si byl lin si phon
som bre sou che sou cou pe sour di ne stag nan te sub jonc tif su bor neur sul tan
syn di cal ta lis man tan che tan dour tan ga ra tar tan thon tim bre ton su re
to ron tos can tran chan te trans plan te trom blon tru che man ty phon
up si lon vam pi re vau tour veuf vi bran te vit chou ra vol can zin zo lin.

LE MANS. — IMPRIMERIE MONNOYER. — 1847.   DÉPOSÉ AU MANS PAR M. MENARD-BOURNICHON.

SYLLABAIRE  MÉTHODIQUE.

PREMIÈRE DIVISION.　　QUATRIÈME CLASSE.

Petites phrases élaborées.

Ton cheval va vite. Son ami le consolera. Mardi, Scaramouche montera le cheval de course. La petite Caroline leur parla de sa camarade. Ta petite maman ira dimanche sur la promenade. La blonde Catalane partira samedi de Fraga pour Olot. Le Galopin ira de bon matin ouvrir la porte de la tour sur le canal. Jeudi, ton bon papa transplantera du romarin sur la tombe de Justine. Adelina coupera une rave blanche pour son lapin angora. Mon oncle le sapeur va revenir du blockhaus par le chemin de Mazagran. Le capitoul, retenu captif, se sauva de Toulon sur le navire neutre le Pilote. Le sapajou grimpera sur le balcon de la chambre haute de la grande dame au panache bleu. Victor, notre cultivateur, consolidera la branche tombante du myrobolan. Le chanteur admirable, Martin de Neustat, trouva le landgrave Krusman sur la route neuve de Mondragon. Le terrible Samson monta sur le donjon, il sauta de la plate-forme Gribauval sur le sable de la cour ronde. Le redoutable Maure, venu de Maroc sur son cheval arabe, fera sur la promenade une course surprenante. Le baladin, au vitchoura nankin, dansa la polka sur la vaste table de marbre du parc de Notre-Dame de Barfleur. Un fanfaron de la capitale acheta douze impromptu de Lamartine, pour obtenir une prime. Le pacha Soliman fera le bonheur de son peuple, son nom sera honorable. Je regarde la figure de la lune, sa blancheur me charme. Ton joli saule forme un abri utile contre la chaleur du jour. Son gazon sera favorable au calculateur nocturne. Turlupin culbuta la petite Claudine sur la mandoline de la Catalane. Luc Mac-Adam a obtenu la parole du ministre pour finir le viaduc sur la roche normande.

L'Instituteur fera remarquer que la *Ponctuation* indique les repos de la lecture, et qu'elle fait connaître l'étendue des phrases. Le *Point* se met après toute proposition qui a un sens terminé et indépendant de ce qui suit. La *Virgule* indique que le sens de la phrase est suspendu. Le *Point et Virgule* annonce une phrase qui dépend de la précédente. Les *deux Points* indiquent que le sens est fini, mais que la phrase qui suit est un complément qui répand plus de clarté sur ce qui précède.

Les majuscules sont utilisées pour indiquer le commencement d'une phrase ou d'un vers, pour faire connaître les noms propres, ainsi que les objets personnifiés ou qui en ont les attributions. Les mots *Dieu, Roi*, etc., peuvent perdre leurs majuscules... Mars est le *dieu* de la guerre, et le Lion le *roi* des animaux.

LE MANS. — IMPRIMERIE MONNOYER. — 1847.　　　　DÉPOSÉ AU MANS PAR M. MENARD-BOURNICHON.